T0203245

EL AMOR

ASÍ DE SIMPLE,
ASÍ DE COMPLICADO

Primera edición: abril de 2018
Cuarta edición: diciembre de 2018

© 2018, Ramón Torres
© 2018, Penguin Random House Grupo Editorial USA, LLC.
8950 SW 74th Court, Suite 2010
Miami, FL 33156

www.megustaleerenespanol.com

Diseño de cubierta e interiores: Ramón Navarro
Ilustraciones de interiores: © iStock by Getty Images

Penguin Random House Grupo Editorial apoya la protección del copyright.
El *copyright* estimula la creatividad, defiende la diversidad en el ámbito de las
ideas y el conocimiento, promueve la libre expresión y favorece una cultura viva.
Gracias por comprar una edición autorizada de este libro y por respetar las leyes
del Derecho de Autor y *copyright*. Al hacerlo está respaldando a los autores y
permitiendo que PRHGE continúe publicando libros para todos los lectores.

Queda prohibido bajo las sanciones establecidas por las leyes escanear,
reproducir total o parcialmente esta obra por cualquier medio o procedimiento,
así como la distribución de ejemplares mediante alquiler
o préstamo público sin previa autorización.

ISBN: 978-1-947783-09-6

Printed in USA

Penguin
Random House
Grupo Editorial

EL AMOR

ASÍ DE SIMPLE, ASÍ DE COMPLICADO

RAMÓN TORRES

DEDICATORIA

A mis hijos, Rodrigo y Diego, que le dan sentido a mi vida.

A mi madre, Aurora "doña Niní", una mujer única, madre ejemplar y luchadora de la vida, que nos crio en soledad, pero con mucho amor.

A Susan "Conchita" de Torres, mujer hermosa, la amazona guerrera que me bendice, me inspira, me incita y me potencia a ser un mejor ser humano. La mujer que comparte su vida conmigo y que, sobre todo, sabe abrir la puerta para ir a jugar.

A mi buen Dios y Salvador Jesucristo, quien me ama, me protege y siempre me libra del mal, porque Él es bueno y su misericordia es para siempre.

INTRODUCCIÓN

Este es un libro para leer a solas o en buena compañía. No tiene un fin pretencioso, como dar cátedra o sorprender con ideas propias de una mente superior, dueña de un lenguaje técnico, depurado o tan ilustrado que nadie podría entender. El objetivo es que con palabras simples desafiemos las ideas que todos tenemos acerca de la actividad más fabulosa de la vida: amar a otro ser humano.

Estas páginas recogen un conjunto de ideas sencillas en el idioma de todos, para leer, analizar, reflexionar y ampliar el criterio y, sobre todo, desarrollar la habilidad de sostener una relación de pareja, en el marco de una familia donde todos encuentren la felicidad.

El amor, así de simple, así de complicado es un libro que te invita a encontrarte contigo y amarte con locura y a descubrir que el amor de tu vida eres tú. Este es un libro sin recetas, que tiene el deseo de que todo ser humano aprenda lo que es la reflexión personal.

Esta lectura es un ejercicio que te permite entender cómo son las cosas y, a pesar de todo, ser feliz.

DR. RAMÓN TORRES
PSICÓLOGO

ASÍ ES EL AMOR

1

ENAMÓRATE DE TI

Todo ser humano tiene el poder de reflexionar y cambiar su historia. No necesitas de un psicólogo, un iluminado, ni un gurú... solo darte tiempo para ampliar tus convicciones.

Cuando te encuentres contigo, te enamores de ti y te ames profundamente, tu felicidad se complementará cuando aparezca alguien para acompañarte en la vida.

¿Lo más importante? Sigue trabajando en tu autoestima, enamórate de ti y construye una personalidad fuerte, invencible e indomable que nadie pueda doblegar. ¡Nunca te rindas!

PORQUE RECUERDA

SI TÚ NO TE AMAS CON LOCURA ¿QUIÉN LO HARÁ POR TI?

NO TE OLVIDES

Todos los días intenta pensar y decretar cosas buenas, porque tu mente tiene poder para enfermar o sanar; para quebrar o prosperar; para amargarte o ser feliz.

Cuando tú te animas a visualizar lo que quieres, a creer aun sin que lo veas y a agradecer con tus palabras lo que aún no llega, algo pasa en la creación y eso se mueve hacia ti, porque al que cree todo le es posible.

EL PROPÓSITO DE LA VIDA ES SER FELIZ Y VIVIR EN PAZ

Vivir en paz, y si en el camino aparece alguien con quien compartir el amor de pareja, mucho mejor. El secreto para tener una relación que perdure en el tiempo: el amor es una construcción de dos. Ningún otro número le queda bien sino es el dos.

Ambos deben colaborar y poner su mejor voluntad para que la pareja y la familia tengan éxito.

SE HACE CAMINO AL ANDAR

Toda decisión de ir más lejos, levantarse más temprano, estudiar más o iniciar un pequeño negocio lleva mucho sudor, mucho esfuerzo y, a veces, muchas lágrimas, que con el paso de la vida te pondrán en un lugar especial. Comienza a soñar y a diseñar tu destino.

Deja de hacer lo mínimo, apunta a lo máximo, y cuando todos se rindan tú sigue remando. ¡YO SÍ PUEDO! es una frase poderosa, porque los que se animan a creer, tienen el poder.

Quien diseña su futuro, aun sin tener nada, piensa cada día dónde abrirá su negocio, qué color tendrá su local, cuánto venderá por día y en qué banco tendrá su dinero. Quien no proyecta nada, se levanta cada mañana y hace lo mismo de siempre.

¡Porque si lo puedes soñar, seguro lo puedes lograr!

CÓMO DIFERENCIAR EL ENAMORAMIENTO DEL AMOR

Es sencillo. Cuando solo hay enamoramiento, apenas llegan los problemas de la vida en pareja se acaba la pasión, y al poco tiempo se puede ver que ya no hay paciencia, no hay cariño, ya no hay abrazos ni besos, y se pasa a un sexo rápido, egoísta y sin emoción.

Al poco tiempo, meses o años, ya no existe diálogo, no hay comunicación, apenas monosílabos, y se nota que no existen muchas cosas en común. Viven juntos bajo el mismo techo, pero todo se hace en solitario. Se comparten algunas cosas, como la alegría por los hijos o la preocupación por los gastos, pero nada más.

Quien te ama a pesar de ti y tú le amas de verdad, a pesar de ella o de él, eso es el amor: dos personas imperfectas que se aceptan como son, que juntas deciden darse el tiempo para madurar y cada día se invaden de cariño, respeto, comprensión y mutua picardía, porque el amor es la fuerza más poderosa del universo.

AMOR INTELIGENTE

El amor se nutre de dos personas sabias. Un hombre cariñoso, detallista, protector, pendiente de su mujer, que no tiene reparos en mostrar su amor, que sabe escuchar, que la ayuda en la casa y la comprende en sus días complicados. Una mujer que lo cuida, que lo trata con ternura, que lo apoya en sus proyectos, y que cada día lo llena de cariño. Ambos se aman, ambos se cuidan, ambos se protegen.

Cada uno busca hacer feliz al otro, para la alegría de toda la familia, ya que el amor no es un milagro ni una lotería... es una construcción inteligente de dos personas que se conocen perfectamente y, a pesar de eso, deciden caminar juntas por la vida.

EL MÚSCULO DEL AMOR

Lo que era un gran sentimiento de enamoramiento y pasión, a los tres años (en promedio) se calma y comienza a enfrentarse al peligro de la rutina, y al escasear las emociones intensas del principio se puede creer que el amor se acabó.

Entonces, cuando ya no se sienten las mariposas en el estómago, porque el enamoramiento ya pasó, el amor se puede hundir fácilmente si no hay un ejercicio de la voluntad para hacer feliz a la otra persona.

Tanto mujeres como hombres tenemos que decidir disfrutar cada día la relación con la persona que amamos, y eso implica un sacrificio válido de parte de los dos para buscar hacer feliz a quien comparte su vida a nuestro lado.

AMAR EN LIBERTAD

Amar es un contrato que implica comprometer voluntariamente el deseo personal de estar juntos.

Cuando se necesita obligar, manipular o forzar a la otra/o para que quiera cumplir el "contrato de amor", entonces es bueno leer las letras chiquitas: "Nadie está obligado a vivir con alguien a quien no quiere".

Tampoco estás obligado a vivir con alguien que no quiere vivir contigo. El amor funciona cuando se nota el deseo de ambos, pese a los problemas y dificultades, de querer estar juntos. ¿Cómo lograr eso? Aprendiendo a amar en libertad, de modo que cada noche, al dormir pegaditos, esté claro que ninguno lo hace por cumplir o porque tiene frío.

Pues cuando es por obligación, simplemente no funciona.

Desde hoy me amaré con locura. Comeré mejor, reiré más, caminaré y haré ejercicio. Disfrutaré de las cosas simples, aceptaré a cada uno como es y dejaré de pelear. Viviré y dejaré vivir, trataré a todos con cariño para vivir en paz, buscaré a Dios. En esta vida tan corta no perderé mi oportunidad de ser feliz. ¡Está decretado!

AMOR, ACEPTACIÓN Y PERDÓN

Para la mujer y el hombre, el amor es parte de las necesidades básicas de la vida. Incluso muchos piensan que sin amor la vida no tiene sentido; les aterra la soledad y no pueden comprender la vida sin tener a alguien a su lado. Pero casi nadie está preparado para amar, para dar comprensión, aceptación y perdón; sin eso, la relación siempre será tirante, difícil, complicada.

Porque es imposible que una mujer o un hombre sean perfectos y nunca se equivoquen; siempre pasa que descubrimos que nuestra pareja no era lo que pensábamos o que tiene gustos y deseos que no comprendemos. A veces reaccionamos mal al ver que ella o él son diferentes o tienen conductas que no esperábamos. Si todo el tiempo hay peleas o reclamos, no será raro que todo termine mal.

Por eso es mucho mejor tratar de ser amigos, compinches y cómplices en la vida; que ambos se ofrezcan un lugar para recibir amor, aceptación y perdón, en el que los dos tengan acuerdos que solo ambos entienden y aceptan vivir juntos porque se aman. Y lo que digan los demás siempre estará de más.

EL SECRETO DE LA FELICIDAD

Es tener claro que lo más importante para ser felices es que cada uno busque el bien del otro, así los dos sentirán que la vida en familia le da sentido a la existencia.

Un hombre enamorado sigue conquistando día a día a su mujer a pesar de estar casados o formar pareja hace años. En el sexo, le da su tiempo, porque quiere que ella siempre disfrute a plenitud. Comparte los quehaceres de la casa y las responsabilidades. Sin esos gestos de amor de él la mujer se siente vacía en el alma, porque ella aprecia los detalles de cariño y amor.

Una mujer enamorada cuida a su hombre siempre, lo mima y le hace sentir que es único, entiende sus necesidades sexuales y está dispuesta a complacerlo. El amor verdadero, tanto para ella como para él, tiene un sinónimo que no debemos ignorar: voluntad de hacer disfrutar al otro. Para el que ama de verdad, todo esfuerzo es poco si es para hacer feliz a su pareja. Cuando los dos aplican este concepto, la diversión y la alegría de la familia estarán aseguradas.

AMIGOS DE VERDAD

En la vida hay muchos conocidos y pocos amigos de verdad; y así debe ser, porque hay pocas personas que pueden llegar a tu corazón y, por su conducta, paciencia y entrega, permanecer allí con el paso del tiempo.

No debe ser raro entonces que en la vida muchas personas pasen por tu retina —en el colegio, la universidad, el WhatsApp o el Facebook— pero pocas queden en ese lugar único, cálido y especial que ocupan las contadas personas que llamamos amigos, de quienes ni nuestros defectos, ni el paso del tiempo, ni la distancia, ni las múltiples complicaciones de la vida nos pueden separar.

Obviamente, no hay necesidad de publicar la lista porque, además de que es corta, los que estamos en ella nos conocemos perfectamente.

LA CERTEZA DEL AMOR

El amor puede durar para siempre. Sucede cuando ambos aprendemos a aceptarnos como somos, sin querer forzar el cambio en el otro, entendiendo que eso solo llega con el paso del tiempo y las experiencias de la vida.

Lo que todos necesitamos es tener la certeza de que, pase lo que pase, o aunque nos equivoquemos, mi pareja no me cambia por nada, ni yo tampoco a ella.

Ten por seguro que ayuda mucho en la relación de pareja saber que ambos se aceptan como son. Que si mutuamente se conceden el tiempo y la oportunidad de madurar, de cambiar poco a poco las actitudes negativas o sus defectos, jamás ninguno querrá abandonar al otro, porque siempre tendrá claro que su lugar en el mundo está al lado del amor de su vida.

Lo demás, o lo que digan los demás, siempre estará de más.

LOS HIJOS Y EL AMOR

Sería bueno que los padres hablaran con sus hijos, pero muchas veces no saben cómo hacerlo. Mamá y papá deben instruir a sus hijos; en ellos recae esta responsabilidad.

El enamoramiento no es igual que el amor. Al principio uno se enamora con locura y cree que el universo ha explotado y que el amor será para siempre, pero es apenas enamoramiento, que se puede repetir muchas veces en la vida. La mayoría de los investigadores dicen que el enamoramiento promedio, con mucha locura, pasión y deseo, dura apenas tres años. Cuando esta química se termina llega el momento de comenzar a amar, aunque generalmente nadie tiene esta información. Los padres deberían explicar que enamorarse y amar no es la misma cosa.

ENAMORARSE Y AMAR NO SON LA MISMA COSA

El enamoramiento se nutre de una química hormonal abundante los primeros meses y años, y el sexo y las emociones intensas son el alimento de la pasión.

Cuando pasa el fuego inicial comienza la verdadera prueba de la relación. El amor de verdad es el que se tiene que construir día a día entre los dos, sobre todo cuando llegan la rutina, los hijos, las necesidades económicas y otros detalles que ponen a prueba la relación.

El verdadero amor, el de la voluntad, el que supera las pruebas, las dificultades y el que es capaz de todo, se riega a diario con cariño, besos, caricias, sonrisas, buenas palabras, detalles, que pasan a ser producto de una decisión personal más que de esa pasión acelerada en el inicio de la pareja.

El amor de verdad se debe construir entre dos, con el deseo de madurar, formar una familia y, sobre todo, de decidir dejar el egoísmo y ofrecer a nuestra pareja mucha comprensión, aceptación y perdón.

EL SECRETO DEL AMOR

Cuando el fuego de la pasión está presente —a causa de la descarga química y hormonal que sucede en el cerebro cuando estamos enamorados— nada es complicado para amar. Nuestra pareja no tiene defectos, es única/o, nadie es como ella/él, y aunque todos nos digan que algo está mal, no lo podemos ver porque esa "química del amor" bloquea nuestra capacidad de juicio sobre la persona que amamos.

¿Qué te gusta de tu pareja? Todo. ¿Qué te molesta? Nada.

No importa cuánto luchemos por mantenernos enamorados, el enamoramiento se acaba con el paso de los años, algunos apenas duran meses. Cuando la química apasionada se acaba, comenzamos a ver defectos en la otra/o, ya no hay mucho deseo de intimidad, comienzan los silencios interminables, las actitudes egoístas o las peleas diarias por cualquier cosa, y de un gran amor se pasa a un gran dolor.

¿Qué te gusta de tu pareja? Nada. ¿Qué te molesta? Todo.

¿Cómo evitar que la relación acabe así? Pasando del enamoramiento al amor. El enamoramiento depende del desborde químico, que se acaba; y el amor es una decisión de la voluntad, de permanecer, crecer y madurar al lado de otra persona, aun conociendo sus defectos y sus errores. Ambos tienen que saberlo y decidir estar juntos, a pesar de cualquier cosa que pase en la vida. Este es el secreto del amor que no termina. El enamoramiento pasa, el amor puede durar para siempre.

AMOR SIN MANUAL

Así es el amor. No trae manual, instrucciones, ni tutoriales para aprender, ni nadie ocupa su tiempo en enseñarnos cómo es en realidad. Por eso tenemos tantos problemas de pareja, porque no hemos aprendido qué sucede con el amor cuando termina el enamoramiento.

Al enamorarnos, nuestro cerebro emite químicos potentes en cantidades extraordinarias, que nos nublan la razón y nos mantienen encendidos y excitados emocionalmente por la persona objeto de nuestra atención.

Cuando acaba el enamoramiento si no hemos construido una relación estable, en la cual los dos podamos ser felices, basada en la decisión de amar al otro con aceptación, comprensión, mucha paciencia y perdón, la pareja quizá no dure mucho más.

¿Cómo hacer que crezca el amor y el deseo de estar juntos? Con la decisión de la voluntad, porque ahora conocemos a esta persona y, a pesar de eso, sentimos amor, apego, deseos compartidos, un deseo de familia y estamos dispuestos a vivir juntos, porque eso hemos decidido hacer.

Enamorarse es sencillo. A amar se aprende.

RETOS DEL AMOR

2

VIVIR EN PAZ

Un día no muy lejano se acabarán los celos, porque cada uno aprenderá a respetar lo que necesita su pareja para ser feliz.

Si uno de los dos no puede soportar ni aceptar las carencias del otro en vez de pelear, perseguir o destruirse mutuamente, tendrán la habilidad de terminar en paz. Para que, en esta vida tan corta, ninguno de los dos pierda su oportunidad de ser feliz.

SUFRIR POR UN MAL AMOR

El sufrimiento parece ser inevitable, hasta que aprendes a reflexionar y no permites que nadie vuelva a lastimarte.

Toda ansiedad y amargura mental genera toxinas que hacen daño y cuyas consecuencias paga el cuerpo; te duele todo, la cabeza, la espalda, el estómago, porque todo se afecta. Cuando la mente sufre, el cuerpo paga.

Aprender a reflexionar salva tu paz mental, te libera de un amor sin amor.

HABLAR CON LA VERDAD

Cuando comienza una relación todo es perfecto; a nuestra pareja nada le molesta, todo le gusta y la vida es una fiesta. Al pasar esta etapa de locura química, ella o él comienza a notar mis defectos, los rechaza, ya no le gusta nada y le molesta todo. ¿Esto te está pasando?

Aprende a sobrevivir, porque enamorarse y amar no son la misma cosa. Muchos quieren enamorarse. Pocos quieren amar.

ACEPTAR A LA PAREJA

Un factor determinante para matar el amor es criticar a tu pareja por todo lo que hace o deja de hacer.

Esta vida ya está llena de situaciones de rechazo, y si además no somos aceptados por la persona que amamos, es una de las contradicciones más grandes de la vida.

Para ser feliz hay que aceptar las virtudes de la pareja y ser generosa/o con sus defectos, entendiendo que la crítica rompe el corazón de la persona a la que decimos amar, como a cualquier mortal.

Si uno cree que al criticar por todo puede lograr un cambio bueno en la conducta de su pareja, aún no entiende mucho de la vida.

TODOS TENEMOS UN PASADO

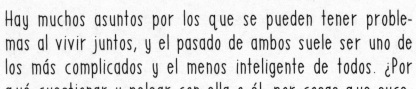

Hay muchos asuntos por los que se pueden tener problemas al vivir juntos, y el pasado de ambos suele ser uno de los más complicados y el menos inteligente de todos. ¿Por qué cuestionar y pelear con ella o él, por cosas que sucedieron antes de conocerse?

Muchas mujeres y hombres cuestionan las anteriores relaciones de su pareja con amargura, sin aceptar el pasado del otro, haciendo tambalear la relación por exigir todo el tiempo explicaciones de qué hacían o dónde lo hacían. Al final, lo único que se logra es agredir al otro por cosas que ya han pasado y que no se pueden cambiar en absoluto.

UNA SOLA REINA

La suegra... ¿Cómo manejar este asunto tan complicado para la vida de pareja? Son las hijas/os de la suegra quienes deben madurar y poner límites a la acción de una mamá que no sabe diferenciar que esta es una nueva familia, que no es su casa y que no puede imponer su forma de pensar o de vivir.

Normalmente, una suegra que no conoce su lugar destruye la paz del nuevo hogar. Una hija o un hijo inteligente, con mucho cariño, mantiene a una distancia prudente a su "mamita", para mantener la paz de su hogar.

Porque en una casa solo puede
haber un rey y, sobre todo, una sola reina.

LA REFLEXIÓN AYUDA A SUPERAR EL ENOJO

¿Te enojas con facilidad? Cuando nos enojamos y decimos cosas sin control podemos herir para siempre la autoestima de la pareja o de los hijos; después podemos pedir perdón, pero el daño estará hecho.

La ira incontrolada trae peleas sin sentido que nunca terminan y mucha amargura, porque quien se enoja con facilidad puede hacer locuras. La reflexión ayuda a superar el enojo, calma el corazón y nos ayuda a vivir en paz.

CAMBIAR PARA QUE EL AMOR NO MUERA

Si pasas todo el día peleando y discutiendo con tu pareja, con o sin razón, debes frenar ese comportamiento o se destruirá la familia. Lo más normal del ser humano es reclamar y exigir sus derechos cuando siente que no recibe lo que merece o que entrega mucho más que la otra parte. Pero si los dos están constantemente reclamándose ¿cuál será el futuro de su familia? Al poco tiempo terminan distanciados, juntos bajo un mismo techo, viviendo la vida en silencio o a gritos e insultos, sobreviviendo a una relación destrozada y enseñando a los hijos que eso es el amor de pareja, cosa que ellos repetirán en el futuro.

Cuando tú cambias tu forma de ver la vida por medio de la reflexión personal, todo cambia para siempre. El mundo que te rodea comienza a notar que ya no te dejas manipular, porque te amas con locura, te das valor y te haces respetar.

¡YO LA/LO VOY A CAMBIAR!

Terrible error, grave de toda gravedad, estar en una relación de pareja con la meta de lograr que haya cambios forzados, sin darle a ella/él el tiempo para madurar y esperar a que los cambios sean por decisión propia.

Seguro tu pareja cambiará por momentos, por tus exigencias, tus reclamos, mientras le dure el enamoramiento, la pasión o tenga algún otro motivo para hacerlo. Pero con el paso del tiempo volverá a ser quien es y buscará ser feliz haciendo las cosas que le gustan, le pese a quien le pese.

Porque nadie cambia si no quiere cambiar, aunque se le quiera obligar. Si no aprendes a aceptarle tal como es, seguro la relación no hará feliz a ninguno de los dos.

SUELTA Y DÉJALO IR

Cuando la relación de amor, que era fuego y pasión tiempo atrás, se convierte en un vacío existencial, y a pesar de todos los esfuerzos ya nada puede revivir el amor porque uno de los dos ya no quiere o ya tiene su nueva pasión en otra cama, es mejor dejar de pelear y dejar al otro en libertad.

Porque la libertad será para la otra/o y, naturalmente, también para ti, para que puedas disfrutar nuevamente de la esperanza de encontrar el verdadero amor. Si esto no fuera posible, incluso la soledad sería mejor compañera que vivir todo el tiempo peleando y sufriendo o, peor aún, rogando migajas de amor.

¿Hay vida después de un mal amor? ¡Claro que sí!

LA INFIDELIDAD

Deja la relación de pareja tan destrozada como una zona de guerra. Quedan heridas y destrucción por todos lados, en especial en la autoestima de la víctima, que comienza a pensar que no sirve para nada.

Es terrible el desaliento, la pena y el sentimiento de vacío que deja el saber que la persona que ella/él ama ha olvidado sus promesas y compartió la intimidad, tan sublime y personal, con otra persona.

QUÉ HACER CON UN INFIEL

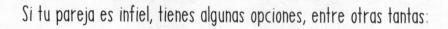

Si tu pareja es infiel, tienes algunas opciones, entre otras tantas:

1. Te pones la meta de perseguirle a sol y sombra, 24 horas al día, 7 días a la semana. Yo sufro, tú sufres, todos sufrimos. Hasta que las peleas y la amargura nos separen.

2. Aceptas a tu pareja como es y aprendes a vivir feliz con tus realidades, tus hijos, tu trabajo, tu familia, tus estudios, tus metas en la vida, tu deporte favorito, ayudando a otros, etcétera. Dejas de sufrir y eres feliz igual, a pesar de todo.

3. Lo dejas de inmediato, porque no aceptas vivir con una persona así. El adulterio o infidelidad es una de las causas de divorcio o separación en la Biblia.

Cualquier opción que decidas, tiene que darte la oportunidad de ser feliz. No hay nada mejor que vivir en paz.

PORQUE RECUERDA

SI TÚ NO TE AMAS CON LOCURA ¿QUIÉN LO HARÁ POR TI?

PELEAS A DIARIO

Las peleas y discusiones poco a poco separan a los enamorados, hasta volverlos compañeros aburridos de la vida. Si la relación ya lleva algún tiempo de peleas y conflictos, es porque los dos comparten cierta responsabilidad de no hacer su parte.

Nadie nos dijo que cuando el amor romántico se acaba es cuando debemos descubrir el amor de verdad, el que se construye día a día. Mujeres y hombres somos ignorantes de que si uno no aprende a amar y a mantener el amor por medio del cariño, el sentimiento entre los dos disminuye, la voluntad se quebranta y poco a poco todo se acaba.

ADICTOS AL TRABAJO

En esta vida se puede ser adicto a casi todo. Hay personas que se alejan tanto de su familia por las necesidades laborales, por egoísmo o simple descuido, que se olvidan de lo realmente importante. Se vuelven adictos al trabajo, y por eso ignoran las necesidades de su familia, creyendo que con el dinero y el refrigerador lleno ya es suficiente.

Entonces se crea una relación tóxica, en la cual uno vive por y para su trabajo, creyendo que eso es lo más importante, y jamás ve crecer a sus hijos; no tiene tiempo para salir con su pareja y apenas es un huésped casual en el hotel que llamamos hogar. Tiene tiempo para todo y todos, para las cosas que le gustan o le dan placer, pero se olvida de su familia. Con el paso de la vida, la pareja y los hijos comienzan a adaptarse a esa forma de relación y, aunque la familia puede estar junta, todos sufren una gran soledad. Buen tema para pensar, reflexionar y hablar en pareja, para que nunca suceda.

Perdonar te libera para ser feliz. A veces uno cree que perdonar es dar, pero lo cierto es que perdonar es tener el poder de liberarse de la maldad ajena, porque es mucho mejor dejarlo en manos de Dios. Él sabe cómo ajustar las cuentas mejor que nadie.

EL DESEO SEXUAL FEMENINO

El deseo sexual en una mujer y en un hombre sanos se debe a motivos distintos. Una mujer tiene deseo sexual todo el tiempo cuando es tratada con cariño, se siente linda y deseada por su hombre.

Si ya no hay conquista de parte de él, el deseo se va muriendo de parte de ella. Tendrá ganas con alguien que la conquiste a diario. Cuando el hombre logra llenar las necesidades emocionales de una mujer, después tiene su "permiso placentero para llenar otros espacios", de lo contrario, será un acto obligado, aburrido, para cumplir y nada más.

Comprender y aceptar lo que necesita la pareja, tanto la mujer como el hombre, es clave para mantener el deseo sexual.

EL DESEO SEXUAL MASCULINO

El deseo sexual de las mujeres y de los hombres es muy distinto. Los hombres se diferencian por la mayor cantidad de testosterona que producen cada día. La testosterona es la hormona sexual propia del género masculino, responsable, entre otras muchas cosas, de las características viriles y, en especial, del apetito sexual.

Los valores normales de testosterona en suero para personas sanas, de la misma edad, son los siguientes: hombres, 300 - 1,200 ng/dl; mujeres, 15 - 70 ng/dl. En otras palabras, un hombre puede producir diariamente entre 20 a 80 veces más testosterona que una mujer de la misma edad. En otras formas de medición, esta diferencia diaria puede variar más o menos. Cuando una mujer tiene clara esta diferencia tan importante, entiende mucho mejor a su hombre y le puede ayudar a vivir sin tanto apremio.

Esto explica la presión sexual diaria que sufren los hombres. Una mujer que ama a su pareja sabe lo que le pasa a su hombre y entiende el gran valor de los "rapiditos", a veces tan poco satisfactorios para la mujer. Pero para él son como agua en el desierto.

VIOLENCIA DE GÉNERO

Los hombres violentos no cambian nunca. Puede que pidan perdón, que lloren arrepentidos, pero eso no significa nada. Apenas se descontrole, se enoje o se emborrache, lo volverá a hacer. Alejarse y protegerse es el único camino, porque en un descuido ocurren desgracias que son para siempre.

Nadie tiene derecho de hacerte sufrir. No le entregues a nadie el permiso de agredirte con sus palabras hirientes, sus arranques de mal genio o con los silencios y la indiferencia, que duelen más que los golpes porque se graban en el alma. Si una relación es tóxica para tu vida, debes reflexionar, analizar lo que vives, lo que sufres y, al fin, tendrás el poder para liberarte y volver a vivir.

MIEDO A LA SOLEDAD

Hay personas que tienen mucho miedo a la soledad y aceptan cualquier relación injusta para tener compañía. Así sufren la soledad acompañada con maltratos, infidelidad o profunda indiferencia. Estar sola o solo no es grave; a veces es parte de madurar y es también el mejor momento para encontrarte contigo, amarte con locura y descubrir que la felicidad que tanto esperabas de otro ser humano siempre estuvo dentro de ti.

¡No tardes, porque se vive solamente una vez!

No aceptes tener sexo sin placer, porque si solo tu pareja disfruta y tú siempre quedas sin sentir nada, eso destruirá tu deseo sexual, sentirás que solo usan tus genitales y nada más. Eso poco a poco destruirá tu autoestima. No hay nada mejor que hacer el amor con amor.

NADIE SE DIVORCIA SI ES FELIZ

No importa lo que diga un psicólogo, un *coach* o un consejero. Nadie se separa si es feliz. Nadie quiere terminar una relación de amor llena de alegría.

Porque si hay amor de parte de los dos, aunque a veces hubiera problemas, si ambos se cuidan, si ambos se eligen cada día y si ambos son felices juntos, separarse no tiene sentido.

A LA HORA DEL SEXO

La vergüenza no debe existir en la pareja. Cuando uno forma una pareja hay que entender lo que necesita el otro y, de ser posible, darle lo que le hace feliz.

Muchas mujeres sienten vergüenza de su cuerpo. Esto afecta a mujeres de todas las edades, todos los físicos y todo tipo de educación.

La mujer debe saber que su hombre se excita con la desnudez de su pareja. Resulta aburrido e incomprensible para un hombre intentar vivir con una mujer que no quiere tener sexo con la luz encendida o que quiere hacerlo siempre debajo de las sábanas por miedo a que él la vea, cuando él se muere por ver.

No te compliques ni insistas en vivir vidas ajenas o no sufras ni te enfermes por querer cambiar a quien no quiere cambiar. No te enojes demasiado, no tomes venganza y aprende a perdonar o a liberarte para ser feliz. Mejor viaja liviano, respira profundo y deja que la vida fluya. No existe nada mejor que vivir en paz.

NO SUFRAS DETRÁS DE UN INFIEL

El infiel es como es; le gusta ser así, porque eso le hace feliz. No es muy complicado entender que nadie cambia si no quiere cambiar, y nadie deja de hacer lo que le hace feliz solo porque alguien se lo exije, lo persigue o sufre por eso. Entonces, afligirse, amargarse y atormentarse por la conducta infiel de su pareja, simplemente, no sirve para nada.

Hay que aprender a cambiar la mirada, para no sufrir todo el tiempo, aceptar y analizar las cosas como son, para tomar las decisiones que sean necesarias para vivir mejor. Si no puedes vivir con una persona infiel ¿para qué malgastar tu vida sufriendo detrás de ella? Lo mejor es terminar y buscar nuevas opciones para ser feliz.

CADA CULPA EN SU LUGAR

Quien es infiel lo es porque le gusta, y lo seguirá siendo hasta que le guste, aunque contigo inventa otro Kama Sutra. Así que no te culpes ni dejes que tu pareja te culpe de su conducta, pues ella/él hace eso porque, por alguna razón, le da placer y felicidad.

¿Cuándo cambia la persona infiel? Cambia cuando eso que ahora le hace feliz ya no le da placer. No depende de su pareja, ni de lo mucho que esta sufra, le persiga, le deje o siga con ella/él.

Si tu pareja te es infiel, mejor deja de sufrir y toma las decisiones adecuadas para vivir mejor; además, no es mala idea dejar que Dios y la vida coloquen las cosas donde corresponde.

Porque para ser feliz hay que poner en su lugar cada una de las culpas.

PORQUE RECUERDA SI TÚ NO TE AMAS CON LOCURA ¿QUIÉN LO HARÁ POR TI?

EL MAL CARÁCTER

A veces, el mal carácter solo esconde mucho dolor y sufrimiento del pasado, que se quiere olvidar tratando de que nadie nos vuelva a lastimar.

Por eso, a la menor provocación, reaccionas con enojo, ira, insultos o gran violencia, como si tuvieras los nervios a flor de piel. La terapia y la reflexión personal te darán el poder para cambiar y bendecir a toda tu familia.

EDUCACIÓN PERMISIVA

Qué pena esta nueva educación permisiva en la que los hijos les gritan a sus padres y nadie puede corregirlos ni decir nada; hoy, los niños recitan sus derechos y nadie les puede exigir ninguna obligación.

Si eres mamá o papá, NO TE CONFUNDAS, los límites son y serán siempre la mayor muestra de amor para tus hijos, porque los principios y valores nunca pasarán de moda y les darán a tus hijos las herramientas para el éxito en la vida.

¡No te rindas!

OJO, QUE NO TE ENGAÑEN

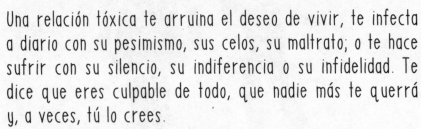

Una relación tóxica te arruina el deseo de vivir, te infecta a diario con su pesimismo, sus celos, su maltrato; o te hace sufrir con su silencio, su indiferencia o su infidelidad. Te dice que eres culpable de todo, que nadie más te querrá y, a veces, tú lo crees.

Está claro que no te ama, pero te manipula para tenerte a sus pies. Pero nunca es tarde para liberarte y volver a vivir, porque nadie debe aceptar pasar por esta vida sin ser feliz.

EL SEXO NO LLEVA AL AMOR

Una persona puede entregar su corazón y su vida cuando la convencen las palabras de alguien que, para tener sexo, es capaz de ofrecer todo. La regla es simple: si el sexo está servido en bandeja, por lo general no ayuda a crear lazos de amor y, menos aún, compromiso de parte de quien solo quiere placer.

Es obvio que no hablo de personas que también buscan sexo solo por el placer en sí. Pero debemos evitar el engaño con base en promesas de alguien que no tiene la menor intención de cumplirlas.

QUE NADIE MANEJE TU VIDA

Ser influenciable en exceso, dejarse llevar por lo que dicen los demás y no formar opiniones propias para vivir es entregar tu vida a los vientos cambiantes e inestables del pensamiento o la conveniencia ajena.

Hay que crecer día a día, tener convicciones propias basadas en la reflexión y el análisis de las cosas, para decidir lo que es importante en la vida y reconocer qué valores de la sociedad son formados por otras personas para aprovecharse de los demás y esclavizarlos a su antojo.

No dejes que nadie te diga que eres más o menos importante, según le convenga, para aprovecharse de ti.

HOY ES UN BUEN DÍA PARA EMPEZAR

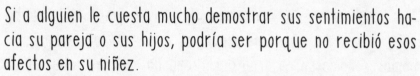

Si a alguien le cuesta mucho demostrar sus sentimientos hacia su pareja o sus hijos, podría ser porque no recibió esos afectos en su niñez.

A veces esa falta de cariño a edad temprana te vuelve una persona rígida, insensible o indiferente, a pesar de sentir un gran amor por tu familia.

Si tú te sientes así, debes aprender: una caricia, un abrazo o un beso que se dan con cariño cada día producen seguridad, confianza y mucha alegría a toda tu familia.

LAS HORMONAS Y EL AMOR

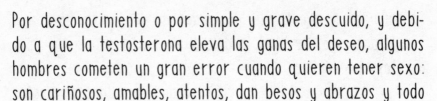

Por desconocimiento o por simple y grave descuido, y debido a que la testosterona eleva las ganas del deseo, algunos hombres cometen un gran error cuando quieren tener sexo: son cariñosos, amables, atentos, dan besos y abrazos y todo todito su amor... hasta que logran su objetivo y, después, se van a ver televisión o a dormir.

Cuando esta necesidad fisiológica está satisfecha se vuelven fríos, distantes, sin emoción, silenciosos, no muestran afecto ni amor, hasta que vuelven a necesitar sexo. Para la mujer, al principio, es algo extraño que baja su autoestima y que luego se vuelve odioso: saber que el amor de su vida es cariñoso solamente cuando desea tener sexo; después, ni un solo gesto de amor.

No es raro entonces que, al poco tiempo, ella ya no disfrute del sexo y le sea casi imposible llegar al orgasmo. Incluso quizás le pase por la cabeza "sentir" algo con otra persona que, para conquistarla y tenerla, llene diariamente su corazón con mimos, caricias, mensajes de amor y mucha emoción que, al fin y al cabo, es todo lo que ella necesita para sentirse bella y deseada. Vaya ironía.

Pero un hombre que ama a su mujer puede recurrir de nuevo a cuidar de los detalles, del cariño, del amor para volver a conquistar cada día al amor de su vida y así bendecir a toda su familia.

UNA MALA ELECCIÓN

La verdad, tu pareja siempre fue como es ahora. Lamentablemente, al enamorarnos perdemos la capacidad de analizar las señales que muestra la persona que amamos.

Al formar pareja, casarnos o llegar a la convivencia, la realidad golpea a nuestra puerta y nos recuerda que metimos la pata y, a pesar de que sentimos mucho amor por ella/él, el dolor y el sufrimiento por una relación distante y vacía nos carcome el alma.

Nada más doloroso que seguir con alguien que no te ama, que te traiciona o que no quiere vivir contigo, que te lo dice, te lo demuestra y se burla de tus sentimientos.

Entonces, es mejor asumir la responsabilidad de tu vida y tomar la mejor decisión para buscar la felicidad o, cuando menos, vivir en paz.

No vale la pena pelear y hacer la guerra con tu pareja o culparle de todo porque, al fin y al cabo, determinar las culpas no cambia el futuro de esa relación.

VIVIR EN PAZ

El tiempo perdido en peleas estériles es la causa que destruye la relación de pareja y oscurece el amor. Como sabemos, la agresión solo genera mayor agresión, y nunca es una opción inteligente para mantener unida a la familia.

Quizá tu pareja no cambie con el tiempo, y si las peleas continúan, el cambio sea cada vez menos probable. Lo que sí podemos cambiar, renovar o modificar es nuestra manera de interpretar esas cosas que nos hacen daño; verlas con otros ojos, con más madurez y tranquilidad para vivir mejor.

SE DICE DE MÍ

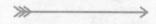

Terrible experiencia vivir pendiente de lo que digan los demás, intentando dar gusto a todos, creyendo que eso es necesario para completar tu vida. Estás sufriendo de baja autoestima. Gastamos mucho tiempo y esfuerzo en agradar a todos: la pareja, la familia, los amigos, con la ilusión de que no hablen mal de nosotros y para sentir que la vida tiene sentido.

Al final, igual alguien no aprecia mi esfuerzo, no entiende mi necesidad de aceptación o quizá usa su maldad contra mí haciéndome blanco de burlas, críticas y chismes que destruyen aún más mi escasa autoestima, me rompen el corazón y me llenan de amargura.

Hay que dejar de mendigar las migajas de aprobación y aprecio que pudieran dar los demás, comenzar a apreciar las virtudes propias, amarse más y ponerse metas para mejorar la vida personal, estudiar y darle aire fresco a nuestras ganas de vivir, porque vivir pendiente de lo que digan los demás te hace una víctima de la maldad ajena.

Construir una relación implica tener un pacto: te acepto como eres, me aceptas como soy, sin quejas, sin reclamos, sin cobrar nada.

EN PIE DE GUERRA

Si todo el tiempo estás peleando por lo que hace tu pareja, con quejas y reclamos diarios por cosas que no te gustan o en las que crees tener la razón, eso no te hará feliz. Vivirás siempre con angustia, intranquilidad, malestar, ansiedad, desconsuelo, incertidumbre, mucha aflicción y tristeza.

Siempre es mejor optar por el camino de la cordialidad, la educación y las buenas maneras para fortalecer los lazos de amor.

Si ahora no cambias y aprendes a vivir en paz, cuando pasen los años y llegues a la vejez, te darás cuenta de que todo eso que tanto reclamabas, toda esa queja, todas esas exigencias, no valían nada y, lo que es aun peor, te llevaron a perder a esa persona que tanto amabas y que vas a extrañar toda la vida.

LO QUE DIGAN LOS DEMÁS ESTÁ DE MÁS

Estar en pareja o querer casarse para formar familia por la presión de la gente, porque los años pasan, porque quieres tener hijos o simplemente porque no quieres que te digan solterón/a son algunos motivos que te pueden hacer tomar malas decisiones, porque nunca serán suficientes para mantener el amor a largo plazo.

Cuando nos acercamos a los 30 años, parece que todo el mundo ya se casó, ya formó una familia, ya muchos se divorciaron y una/o aún no ha hecho nada en la vida. Es cuando suele suceder que lo que dice la gente nos presiona y nos empuja a querer "cumplir" con las expectativas ajenas.

Mala idea vivir la vida para dar gusto a los demás. Para formar pareja hay que darse el tiempo de conocerse y, entonces, como ya estamos enamorados, decidimos que no podemos vivir sin estar juntos porque no podemos ni respirar sin ella o él. De otra forma, es mejor no adelantar los pasos hoy y arrepentirse mañana, cuando ya sea tarde. A fin de cuentas, lo que digan los demás siempre estará de más.

LA AMANTE

Es la mujer que a veces se enamora perdidamente de las mentiras del hombre infiel.

Así se pasa la vida detrás de promesas huecas que casi siempre terminan en la nada, porque él solo la usa cuando quiere, pues no dejará a su familia.

Si acaso deja a su mujer, pronto descubre que lo mismo que le hacía a su ex ahora se lo hace a ella. ¿Por qué? Por lo general la persona infiel fue infiel con la anterior, es infiel con la actual y será infiel con la que vendrá.

TRASTORNO DE ESTRÉS POSTRAUMÁTICO

➤➤➤

Todo ser humano tiene traumas por cosas que sucedieron en el pasado; aunque con el tiempo muchos los superan o disfrazan, algunas consecuencias nos persiguen el resto de la vida.

El miedo, la agresividad, la baja autoestima, el terror al fracaso y al futuro, la incapacidad de demostrar emociones o padecer enfermedades crónicas por problemas emocionales. Todos estos síntomas pueden deberse lo que se llama TRASTORNO DE ESTRÉS POSTRAUMÁTICO.

El motivo estresante puede ser la muerte de un ser querido, la violencia familiar, alguna percepción de amenaza grave a edad temprana, un accidente, violación o intento de ella, un daño físico, la burla de los compañeros de la escuela o cualquier experiencia traumática que nuestra mente no supo cómo manejar. Si eso te pasa, busca ayuda en la sicoterapia. Eso te hará bien.

CARENCIA DE AMOR

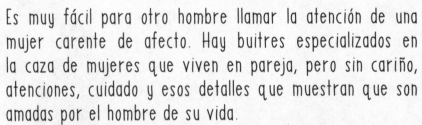

Es muy fácil para otro hombre llamar la atención de una mujer carente de afecto. Hay buitres especializados en la caza de mujeres que viven en pareja, pero sin cariño, atenciones, cuidado y esos detalles que muestran que son amadas por el hombre de su vida.

Estos hombres se toman el trabajo de endulzarle los oídos, diciendo y haciendo lo que su pareja ya no hace. Saben qué cuerdas tocar y qué detalles necesita. Elogian su ropa, sus zapatos, su figura, su mirada y su sonrisa mientras su marido hace años que ni la mira.

¡Ojo al piojo!

YA NO ES TU AMOR

El amor que sientes hacia una persona que conquistó tu corazón puede ser muy real y sincero; hasta puedes dar tu vida, sacrificarte y gastar todo tu tiempo, dinero y esfuerzo en hacerla feliz, porque sientes amor, y el que ama está dispuesto a hacer lo que sea.

El problema emocional viene cuando descubrimos que esa persona que amamos ya no siente lo mismo y ahora es indiferente a nuestros sentimientos de amor. Algo pasó, quizá estaba enamorada/o de ti, pero nunca llegó a sentir ese amor que dura más que la pasión, porque enamorarse es fácil, pero amar es otra cosa.

Las razones por las que el amor se termina pueden ser muchas pero el resultado es el mismo siempre: rogar por amor, cuando esa persona no te quiere amar, solo te traerá más dolor y frustración.

Además ¿para qué quieres a tu lado a una persona cuyo corazón está lejos de ti? Sin duda, será doloroso el proceso para dejar de amar, pero es necesario para vivir dignamente y tener nuevas oportunidades para ser feliz junto a alguien que te ame de verdad.

Porque si alguien no te ama, no te merece.

NO ES LO MISMO NI ES IGUAL

Entre la mujer y el hombre casi todo tiene significados diferentes. En la mayoría de los casos, cuando un hombre mira a otra mujer no significa que está comparando a la suya, que ya quiere dejar a su familia o que ya no ama a su pareja.

La mujer imagina esas cosas, sufre, reclama, cela, se enferma, así alimenta sus miedos, su inseguridad o su baja autoestima, y de tantas peleas sin sentido a veces se destruye la relación de amor. (Solo calza a quien te calza. Si no te calza, no te calces).

DOBLE VIDA

En las redes sociales hay millones de perfiles falsos creados por hombres y mujeres que se inventan una vida a espaldas de su pareja para vivir otra realidad. Miles de mentiras diarias se inventan para engañar a otros seres humanos, para aprovecharse de ellos.

¿Por qué? Porque hay gente muy inocente y crédula, con necesidad de relacionarse y sentir amor, que no aprende a discernir, observar y darse cuenta de ciertas señales que revelan las intenciones malvadas de la gente que usa las redes para tomar ventaja.

Se necesita tiempo para conocer a otro ser humano, y es bueno que aprendas que todo lo que pasa muy rápido tiende a terminar de la misma forma. Si no quieres salir lastimado es bueno aplicar este consejo sencillo para conocer a otra persona: si quieres llegar lejos, ve despacio.

QUIEN AMA RESPETA

Grave ironía de la vida: amar a alguien, querer vivir con esa persona especial y no entender que nadie querrá compartir su vida si todo el tiempo recibe maltratos.

Agredir con la mirada, levantar la voz o matar con tu silencio destruye todo deseo de parte de la otra persona. Querer tener siempre la razón, saber todo, no ser generosa/o y creer que eres el ombligo del mundo cansa a cualquiera.

Importa poco si crees tener razón para tratar así a tu pareja, porque cuando este tipo de conducta se vuelve usual nadie sentirá que vivir a tu lado valga la pena, y mucho menos que sea un placer. Por el contrario, será una condena de la cual huirá a la menor oportunidad.

Quizá creas que así es como deben ser las cosas, que así es tu carácter, que si te ama te debe soportar como sea. Nada más equivocado. Si eres así, vivir a tu lado será un quebranto del alma que nadie merece.

No hay nada más hermoso que escuchar un "te amo" que se susurra al oído a pesar del paso de los años, los hijos, los kilos, los problemas o la vida toda. Cuando alguien te abraza y te dice que te ama, el universo se detiene, y todo lo demás está demás.

MALTRATO VERBAL

Muchos creen que se puede decir lo que sea y que después todo se arregla ofreciendo disculpas. Esto es un grave error. Las heridas que dejan las palabras groseras o los insultos, no se sanan en años, ya que hay personas muy sensibles al significado de las palabras, en especial las mujeres, que dependen en gran manera de lo que piensa su pareja de ellas. Entonces, si la agresión viene del hombre que ella ama, la sensación es terrible y la desorientación es total.

La comunicación es un camino de dos vías. Yo puedo decir algo pensando que no es muy grave pero, en realidad, debería primero saber qué significa eso para mi pareja, porque quizá para ella/él eso que digo es sumamente grave y cruel.

AMOR QUE SE MENDIGA NO ES AMOR

La persona inmadura no sabe amar y tampoco sabe lo que quiere en la vida. Un día te ama y al otro te odia, te insulta, te agrede.

Luego se arrepiente, pide perdón, promete cambiar, te enamora; tú te ilusionas y te vuelve a lastimar. Alguien así nunca te hará feliz y siempre te hará sufrir, porque amor que se mendiga no es amor, es falta de dignidad. Aunque nunca es tarde para volver a vivir.

LA ADICCIÓN AL CELULAR

Las redes sociales nos están volviendo idiotas, pues descuidamos a la familia por darle más atención a los grupos, a los amigos y a la emoción vacía de relaciones con gente que ni conocemos. NO PIERDAS A TU FAMILIA.

Apaga el celular por una hora al día y habla con tu pareja, dile que la amas, dale un beso o una caricia pícara. Juega con tus hijos, abrázalos y rían juntos. No dejes que tu conexión de wifi llene de soledad a la gente que amas.

MENTIRA MATÓ A CONFIANZA

Mentir es un perfecto asesino de la relación de pareja, porque la persona que descubre que su pareja le miente en algunas cosas comienza a dudar de todo. Aun la infidelidad a veces duele menos que el intento de la persona infiel de mentir y mentir, tratando de seguir el engaño ante lo que ya es más que evidente.

También es complicado querer decir la verdad si uno sabe que su pareja se va a enojar y no va a aceptar la realidad. El secreto del amor es conocer a tu pareja, aceptarla/o como es y que sepa con certeza que cuando tenga algo que contar, sea lo que sea, puede confiar en ti, porque no recibirá rechazos, quejas ni reclamos.

Entonces, habrá libertad para ser quien uno es y la mentira no será necesaria entre los dos. La verdad duele unos minutos; la mentira, toda la vida.

La verdad a veces es dolorosa, pero nos libera para poder amar de verdad. La mentira, en cambio, duele mucho más, arruina una linda relación de amor y no deja vivir en paz a ninguno de los dos.

AMORES PASAJEROS

Muchos hombres y mujeres hoy en día solo buscan relaciones pasajeras en las que lo principal no es el amor, sino algún interés propio, particular: deseos de sexo, pasarla bien, dinero o simplemente ver qué pasa, pero no necesariamente algo serio.

Lamentablemente, no tienen la ética humana y la formación elemental para decir la verdad, y por eso prometen cualquier cosa con la única misión de pasarla bien, sin ninguna intención de cumplir sus promesas.

Por eso, avanzar en el amor sin tener en cuenta que primero es importante conocer al otro, sus deseos, sus ideas de la vida en pareja y sus intenciones de formar algo con futuro es exponerse a sufrir sin necesidad.

Los tiempos han cambiado, por eso aprende nuevas formas de proteger tu corazón. Aunque el amor y la pasión sean por poco tiempo, el desengaño y el dolor suelen tardar años en sanar.

LA VIDA CONTINÚA

Si lamentablemente tienes que separarte, al principio tendrás mucho miedo o incertidumbre, y eso es normal. Con el paso del tiempo te darás cuenta de que la vida sigue para todos y también para ti.

No será fácil, pero casi cualquier cosa será mejor que vivir un amor sin amor, que solo te produce dolor, sufrimiento o mucha tristeza. Después te reirás de ti por haber esperado tanto para liberarte y volver a vivir, porque será como volver a nacer.

SI AMBOS QUIEREN, SE PUEDE

No debemos olvidar que de novios nos abrazábamos y besábamos en todos lados, nuestras manos daban caricias todo el tiempo y buscábamos hacer locuras, más intensas cada vez, además de interminables gestos de amor.

Cuando ya estamos en pareja no hay que avergonzarse del abrazo, de tomarse de la mano, de besarse en público, haciendo notar al mundo entero que aun después de vivir juntos tantos años seguimos siendo amigos, novios, amantes, compinches, y que el amor goza de buena salud.

CUANDO EL AMOR NO ES COMPARTIDO

Es normal encontrar una persona enamorada de alguien que no siente lo mismo. Es muy triste verla sufrir todo el tiempo tratando de conseguir que esa persona "especial" se enamore de la misma forma; y al estar "tan enamorada", voluntariamente se niega a ver la realidad. Todo el día mastica pensamientos obsesivos sobre el "amor de su vida", cuando en realidad la otra persona tiene una conducta que muestra la falta total de un deseo compartido.

Una situación así te deja expuesta/o a una vida de angustia y sometimiento a los deseos de alguien a quien, al no sentir nada, no le produce ningún conflicto verte sufrir, llorar o enfermarte; alguien que no tiene compasión de tu dolor o de ver que tu vida es un desastre. Además, tu amor incondicional permite que esta persona se aproveche en todos (¡todos!) los sentidos.

Recuerda, lo seguirá haciendo hasta que tú se lo permitas.

PORQUE RECUERDA

SI TÚ NO TE AMAS CON LOCURA ¿QUIÉN LO HARÁ POR TI?

CUANDO SE DESCUIDA EL AMOR

Una familia que tiene futuro nunca deja de darse amor y cariño, porque eso fortalece la relación y los sentimientos se afirman día a día. Cada uno debe ofrecer a su pareja lo que necesita, y si ambos lo hacen será una relación que completa la vida de los dos.

Cuando esas demostraciones de amor comienzan a disminuir, fruto de la falta de interés, la ignorancia o el descuido, poco a poco la relación se enfría y comienza el sufrimiento, porque se nos muere el amor; quizá porque no saben qué hacer o simplemente porque no quieren. ¿Cuál es tu caso?

¿POR QUÉ SE FUE?

¿Por qué a la semana ya tiene otra pareja o parece tan feliz? Porque quien se separa y se va hace tiempo dejó de amar y pasó su duelo mientras dormían en la misma cama, sin decir una palabra, solo esperando el día para irse.

Por eso cuando se va no siente nada, mientras que tú quedas con el corazón destrozado, sin saber qué hacer con tu vida. Con el paso del tiempo se sana de tanto dolor, se recupera el control de las emociones y vuelve la esperanza.

Llegará el día en que te reirás de ti mismo por haber llorado y sufrido tanto por un amor sin amor; porque te darás cuenta de que se vive solamente una vez.

AMOR, TRAICIÓN Y DESTRUCCIÓN

Cuando uno ama a otro ser humano, es capaz de mover cielo y tierra por estar con esa persona, y ningún sacrificio es mucho cuando es cuestión de hacerla feliz. De igual forma, cuando el amor se va, es un tormento para los dos seguir juntos.

Se vive con la otra persona sin placer, amargándose la vida mutuamente, y la infidelidad es un paso que está a la vuelta de la esquina.

Pues si tú estás en este caso, en vez de engañar, traicionar, mentir, destruir y destrozar a tu familia o a tus hijos, lo mejor es hablar claro y tratar de buscar ayuda para renovar el amor, si eso fuera posible. Si no puedes contemplar esa opción, porque ya no quieres continuar con la relación, analiza lo que será el futuro de tu familia si comienzas a vivir una doble vida.

¿Cuál es el camino entonces? Hablar con la verdad, separarte de tu pareja si es necesario y hacer tu vida sin engaños ni traición y nunca te separes de tus hijos.

EL AMOR SIN COMPROMISO

La mayoría de las personas de esta nueva sociedad sin valores espera vivir la vida con la menor presión posible, razón por la que asumir un compromiso serio de amor, fidelidad y futuro está muy lejos de sus planes.

Si amas a alguien que no quiere un compromiso serio, es mejor desandar lo andado, arriar tu bandera de amor, recoger los pedacitos de tu corazón partido, dejar de amar y volver a empezar.

Para vivir en pareja no hay frase más poderosa que esta: "Así soy yo. No te voy a mentir, ni te quiero engañar o que sufras sin sentido. Quizá tarde años en cambiar porque hay cosas que aún no puedo superar. Si me aceptas así, lucharé cada día para ser diferente, pero si no puedes, es mucho mejor terminar por las buenas, para que no pierdas tu oportunidad de ser feliz".

LOS CELOS DESTROZAN A LA FAMILIA

Los niños que tienen padres celosos viven la vida de familia como un pequeño infierno y sufren la desdicha de ver a las personas que más quieren en la vida todo el tiempo enojadas, sin hablarse o peleando a gritos.

Esto les provoca inseguridad y baja autoestima, que se traslada a sus relaciones, al rendimiento escolar, y les provoca grandes sufrimientos.

Porque lo que se aprende en la casa, durante la niñez, lamentablemente también les instruye sobre cómo se vive en pareja. Por eso, cuando sean adultos tendrán la fuerte tendencia a repetir el ciclo destructivo de los celos, pues sus padres les enseñaron el camino.

¿QUIÉN PONE TU VALOR?

A veces creemos que la persona que amamos y el amor que nos dará nos completará la vida y nos llenará de satisfacción.

Cuando esto sucede, es una gran bendición. Lamentablemente, suele pasar que cuando acaba el enamoramiento y la pasión, esa persona que antes nos admiraba, elogiaba y se desesperaba por estar a nuestro lado, ahora ya no busca nuestra compañía y prefiere estar lejos de casa, en el trabajo, con los amigos. Siempre encuentra una excusa para estar en otro lugar.

Si a tu pareja, por alguna razón, ya no le interesa hacerte sentir bien es una mala idea dejar tu sentido de valor y tu felicidad en manos de alguien a quien no le interesa verte feliz.

LA RUTINA MATA LA PASIÓN

La rutina es mala compañía para las relaciones amorosas. Hacer siempre lo mismo, en el mismo lugar, en la misma posición, en los mismos tres minutos, con la misma luz o la misma oscuridad, aburre a cualquier ser humano.

Al poco tiempo, lo que era diversión y alegría, se convierte en un acto repetitivo, adormecedor, interminable, tedioso y desesperante, que dura unos pocos minutos y no produce ningún placer.

Para superar la rutina el único camino es conversar, ser más abiertos a las necesidades y fantasías de la pareja, ser honesta/o con las propias y buscar que la emoción y la humedad regresen a nuestra cama, para renovar la pasión entre los dos antes de que la rutina destruya todo.

DIVORCIADOS DEL ALMA

Así se define una relación de pareja en la que viven juntos pero que, de tantos problemas, ya ni hablan entre sí, ni son felices, y ninguno de los dos se anima a enfrentar la realidad.

Quizá se apresuraron al decidir que ya era hora de vivir juntos o de casarse y ahora están arrepentidos porque se dan cuenta de que no eran como pensaban.

Muchos dirán que hay que aguantarse así, porque el compromiso es hasta que la muerte los separe, según lo dice Dios o la religión que uno tiene.

Es como si Dios no supiera que desde hace años ustedes ya están separados emocionalmente y divorciados del alma y se alegrara de que sigan juntos e infelices.

O quizá sea mejor esperar a que la muerte tenga piedad de todos y por fin los separe.

QUIERE SEXO... PERO SIN AMOR

Algunas veces, cuando una mujer se separa se siente destrozada porque todavía siente amor por el hombre que la dejó. Si tu pareja se va con otra mujer pero un día aparece de pronto en tu puerta mostrándose cariñoso y amable, recuerda que quizá solo busca sexo y nada más.

Lamentable, pero real. Solo viene a hacer una descarga sexual, aprovechándose de tus sentimientos. Después se va y se olvida de ti, hasta volver a sentir ganas, aunque tú quedes nuevamente ilusionada. Si vas a estar con él, porque ese es tu deseo, que sea con el corazón bien cerrado y con los ojos bien abiertos.

Deja de preocuparte tanto y descubre que pase lo que pase, tú eres capaz de salir adelante. La angustia solo te agrega sufrimiento, arrugas y te saca la alegría de vivir. Al fin y al cabo, tú sobreviviste a todo. Lo que ha de ser será, y nada te impedirá ser feliz.

SI NO TE AMA, NO TE MERECE

No vale la pena gastar tu valioso tiempo, tu felicidad y tu futuro con alguien a quien no le interesa corresponder a tu amor, ni tampoco quiere darte un lugar en su vida.

Si no te ama, termina esa condena, derrama unas lágrimas, toma el espacio para hacer tu duelo y aprovecha el tiempo para estudiar otros idiomas.

¡QUE PASE EL QUE SIGUE!
TO HASÁ KU OTRO!
WEITER!
IL SEGUENTE!
CE QUI SUIT!
NEXT IN LINE, PLEASE!

Recuerda, el límite para todo es tu dignidad. ¡Porque quien no te ama, no te merece!

CELOS Y DEPENDENCIA EMOCIONAL

No importa cómo se quieran explicar o justificar, los celos siempre destruyen la relación de amor.

Quien cela tiene problemas de inseguridad, baja auto-estima y dependencia emocional, o tiene miedo a perder lo que cree que es suyo. Si tienes celos y no sabes cómo superarlos, ve a terapia. Eso te hará bien, porque nadie es dueño de nadie.

PORQUE RECUERDA SI TÚ NO TE AMAS CON LOCURA ¿QUIÉN LO HARÁ POR TI?

¿QUÉ TE HACE FELIZ?

Cada ser humano es único. Por eso, cada uno tiene su forma particular de ser y disfrutar de la vida. Cuando nos enamoramos, nos apasionamos y decidimos formar pareja, dejamos de lado los deseos personales y adoptamos metas en conjunto. Con el paso del tiempo, también pasan la curiosidad y la pasión en la relación, pero esos deseos personales y privados siguen estando allí y cada día cobran más fuerza, volviendo a ponerse en primer lugar. Entonces es cuando generalmente sucede que uno de los dos se asombra y se molesta porque su pareja vuelve a sentir deseos y ganas de hacer cosas que ahora se vuelven un problema.

LA REFLEXIÓN

Haz una lista completa de todo lo que vives y léela a diario, con los detalles de todo lo malo que te sucede: tus miedos, tu dolor, tu sufrimiento. Luego, cada día, responde estas preguntas:

• ¿Esto es lo que quiero para mi vida?

• ¿Esta vida de pareja me hace sufrir, me destruye, me arrasa y me saca las ganas de vivir? ¿Debo seguir así?

• ¿Es inteligente que yo siga pendiente de alguien que ya ni me tiene en cuenta?

• ¿Por qué no puedo cambiar y ser menos vulnerable a lo que diga mi pareja o a lo que digan los demás?

• Me siento engañada/o y mi pareja no quiere cambiar. ¿Debería seguir sufriendo o debería liberarme para ser feliz?

Repite este cuestionario tres veces al día, analiza y agrega razones para tomar la mejor decisión.

Si tú no lo haces, nadie lo hará por ti.

EL PERDÓN

Si tú no perdonas, será normal que siempre "te duela todo" o te enfermes sin motivo. A veces tanto dolor o rencor produce enfermedades físicas, porque tus pensamientos negativos no dañan a la otra persona... te dañan a ti.

No importa lo que te hayan hecho, perdona, sana tu corazón, recupera tu salud y la alegría de vivir. Deja que Dios haga las cuentas.

NUNCA ES TARDE

Con frecuencia me escriben personas que renunciaron a 20 o 30 años de sus vidas por un amor sin amor. Por los hijos, los bienes, la fe o lo que dirá la gente.

Después de tanto tiempo se dan cuenta de que no han vivido, y ahora parece que nada tiene sentido. Pero NUNCA es tarde para recuperar los sueños, la autoestima y las ganas de vivir.

Cuando dejas una relación dañina al principio parece duro, complicado e imposible. Con el paso del tiempo sanas el corazón, la salud, y un día te preguntarás por qué esperaste tanto para liberarte y volver a vivir.

PELEAS, EL ENEMIGO DEL SEXO

Preguntar por qué tu pareja no quiere tener sexo contigo o por qué ya no te desea, cuando ambos están haciendo crecer un ambiente de pelea en la relación, es una pregunta sin sentido.

Las discusiones y los gritos, por la razón que sea, apagan y destruyen poco a poco las ganas de tener intimidad sexual con la otra persona, como una gota que destruye la roca.

¿Qué puedo hacer para que mi pareja quiera tener sexo conmigo?, te preguntas, pero al mismo tiempo la persigues día y noche con celos ansiosos y descontrolados, con llamadas y mensajes sin parar, haciendo de la vida de ambos un infierno. ¿Qué placer podría sentir la otra persona? ¿Qué deseo? ¿Qué ganas?

LOS CELOS DESTRUYEN EL AMOR

Los celos son sentimientos de posesión que nos llevan a destruir el amor. Es el miedo a perder lo que creemos poseer. Normalmente la causa principal es nuestra propia inseguridad y baja autoestima, por cosas que pasamos en la vida.

Esto nos hace sentir que nuestra pareja nos va a abandonar por alguien mejor que nosotros. Los celos son absolutamente destructivos y no existe forma de vencerlos sin analizar y reflexionar cuáles son los resultados que producen en la vida, que siempre son desastrosos, porque sin falta destruyen todo deseo y amor en la relación de pareja.

CÓMO CONTROLAR LOS CELOS

El primer paso para superar los celos que destruyen la vida es reconocer que tengo un problema grave con mi autoestima y por eso mis pensamientos siempre están dando vueltas sobre los celos, preocupada/o porque alguien me va a quitar lo que es mío.

Una persona que no sabe controlar sus celos pasa la vida amargada y sin sentido, con mucho pesar y sin ningún placer.

Para mejorar este problema es bueno buscar ayuda profesional; haz terapia y vive mejor.

HASTA AQUÍ LLEGAMOS

Cuando una persona ama a su pareja y a sus hijos es capaz de sobrellevar el desamor, la infidelidad o la frialdad del otro, ya que sabe que la familia es el mejor estado para vivir pues, a pesar de todos los problemas, no está dispuesta/o a entregar lo más importante de su vida sin presentar batalla y luchará hasta el final por mantener a su familia unida.

Hay también situaciones insostenibles en la cuales ya la dignidad no nos permite seguir juntos y, por el bien de todos, es mejor separarse. Cada caso es particular, único, y no todos podemos soportar las mismas cosas. Nadie puede juzgar al otro por llegar a su límite moral, emocional, físico o espiritual, ya que nadie puede saber lo que pasa en la intimidad de otra pareja.

NADIE CAMBIA SI NO QUIERE

El único cambio que uno tiene a su merced, y a veces con mucha dificultad, es el propio.

Si tu pareja tiene conductas que le hacen feliz a ella/él pero a ti te molestan, lo más normal es querer o exigir que cambie de inmediato.

Esperar o forzar cambios en otro ser humano para dejar de hacer lo que le da placer es básicamente un grave error de criterio.

Porque nadie cambia por obligación, y menos si el cambio es para dejar de hacer lo que le hace feliz.

LA MUJER Y SUS NECESIDADES EMOCIONALES

Cuando una mujer se siente carente de cariño, de lindas palabras, del sentimiento de amor a diario, la situación es complicada, por su gran necesidad emocional.

Hoy en día la mujer tiene cientos de oportunidades para satisfacer esas necesidades. El lugar de trabajo, de estudio, el gimnasio o las redes sociales le dan cientos de oportunidades nuevas donde es relativamente sencillo encontrar tentaciones que la pueden llevar a la infidelidad.

Una mujer no tiene sexo con cualquiera en la calle, pero si un hombre logra conquistarla emocionalmente, el trabajo está hecho.

TODO VUELVE

Conozco gente obsesionada con hablar de otros, que no mide lo que dice. No le importa si es verdad o mentira. Hablan sin pensar en su prójimo, no tienen compasión, no les importa nada. No saben que todo lo malo que uno hace regresa multiplicado.

Años después lamentan su "mala suerte". Pues no, no fue mala suerte, fue mala siembra, porque todo vuelve. Algunos lo llaman karma. Yo lo llamo Dios.

No olvides que tú superaste todo. Mucho dolor, muchas humillaciones y tanta tristeza. Pero nada en esta vida te pudo destruir y ahora eres mucho más fuerte, porque sobreviviste a todo y eres capaz de reinventarte una y otra vez. Hasta el universo se enteró de que tú no te rindes.

EL DUELO

El tiempo de dolor por la separación se llama "duelo", que puede durar de seis meses a tres años. (Si dura más tiempo, quizá necesitas terapia). Es una etapa muy dura en la que se llora, se sufre y se lamenta porque todo terminó. Uno no quiere comer, ni hacer nada y solo quiere mudarse de planeta.

Con el paso de los meses, se curan las heridas, el dolor se va y recuperamos las fuerzas. Claro, después llegará el momento de reírnos de nosotros mismos, por haber sufrido y llorado tanto por un amor sin amor. Así que no te desesperes y sigue adelante; esto también pasará.

EL PROCESO DEL DUELO

ENAMORAMIENTO

AMOR

SEPARACIÓN

CAOS

DUELO

SANACIÓN

¡LISTA/O PARA OTRO AMOR!

ES PROBABLE QUE NO SEA AMOR

Amar debe tener la certeza del sentimiento propio y ninguna incertidumbre del ajeno. Por eso, al besar, los ojos bien cerrados; y al amar, los ojos bien abiertos. Si el otro no confirma con sus acciones lo que dicen sus palabras, es probable que no sea amor.

Hablar de amor es siempre fácil porque no requiere ningún esfuerzo.

Es normal querer creer en alguien que promete amor, pero además de las palabras, el amor se debe notar en lo que hace día a día.

Si esa persona es cariñosa, amable, cordial, encantadora o risueña solo cuando quiere algo de ti y después que lo consigue se torna fría, distante, áspera y hostil, pues no se necesita mucha reflexión para entender que allí no hay amor; es pura, vil y absoluta conveniencia.

PORQUE RECUERDA
SI TÚ NO TE AMAS CON LOCURA ¿QUIÉN LO HARÁ POR TI?

LA AGRESIÓN ATRAE MÁS AGRESIÓN

Si la relación de pareja ya está muy deteriorada, lo básico que debemos entender, cuando menos, es que la agresión siempre genera mayor agresión.

Entonces, no sería mala idea dejar de enojarse por todo, de levantar la voz o ser hiriente con los comentarios hacia el otro.

Con este ejercicio voluntario tan simple quizá logren bajar el nivel de la pelea y encontrar un nuevo marco para relacionarse y conversar por las buenas.

Pues si nadie cambia ¿qué esperanza le queda a la familia?

LOS TRAUMAS DEL PASADO

Todo trauma que se produce en edad temprana (el divorcio de los padres, la muerte de uno de ellos o de un familiar muy querido, una violación, un accidente o algo grave) dejan consecuencias que duran toda la vida si no se tratan como debe ser, con una terapia que corresponda y alivie el daño hasta lograr el equilibrio.

Por esto mucha gente sufre sin entender por qué vive así. Es por causa de un trauma no superado, que controla las emociones y que no nos permite ser libres y vivir con normalidad.

Antes de seguir sintiendo culpa, o agrediendo a los que te aman, es mejor buscar ayuda profesional y superar el trauma. Una buena terapia a tiempo te puede ayudar a vivir mejor, ser más feliz y hacer felices a las personas que te aman.

DIFERENCIA DE EDAD EN EL AMOR

No es un problema grave cuando la diferencia es de menos de 10 años. De allí en adelante, cuanto mayor sea la diferencia, más conflictiva será la relación. Siempre hay excepciones de parejas que se llevan bien, pero la mayoría sufre.

Porque uno de los dos querrá ir a fiestas, pero el otro ya no. Uno querrá sexo salvaje y el otro ya no; uno querrá vivir la vida y el otro ya la vivió. Y miles de razones más para que ambos se amarguen la vida sin sentido.

APRENDER A AMAR

3

APRENDER A AMAR

Nadie se graduó en un curso para amar, y el enamoramiento es súper pasajero, se muere muy fácil con los problemas o la rutina de la vida en pareja. Muchos viven juntos sin saber amar, porque en realidad nadie nos enseñó a practicar el amor de verdad, que se confunde con el fugaz amor romántico.

Porque enamorarse es simple, pero es muy diferente amar de verdad.

TU PROPÓSITO EN LA VIDA

Viniste a la tierra con un propósito: bendecir a los demás. Al ayudar a los necesitados, tu alma se eleva, y las cosas superficiales de esta vida dejan de tener valor.

Esa es la única medida que cuenta al final del camino para tu alma inmortal. No importará tu belleza, tus medidas o la marca de tu ropa. Deja de sufrir por cosas sin valor; cumple tu misión, comienza a bendecir ¡Y TU VIDA CAMBIARÁ PARA SIEMPRE!

AMAR ES MÁS QUE SENTIR

Que alguien te guste no debe ser confundido con amor. El amor requiere conocer a la persona, su vida, sus logros, sus metas, sus planes.

Pero la mayoría cree que amar es "sentir", y muchos forman una pareja con esta motivación, que dura hasta que se enfría la pasión, pasa la calentura o aparece alguien que despierta mayor interés; porque la pasión pasa y el amor queda.

Amar es conocer a la otra persona y, a pesar de conocerla, estar dispuesto a tener un proyecto en común para vivir.

LO MÁS IMPORTANTE EN LA VIDA

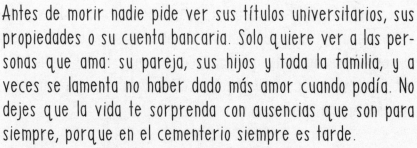

Antes de morir nadie pide ver sus títulos universitarios, sus propiedades o su cuenta bancaria. Solo quiere ver a las personas que ama: su pareja, sus hijos y toda la familia, y a veces se lamenta no haber dado más amor cuando podía. No dejes que la vida te sorprenda con ausencias que son para siempre, porque en el cementerio siempre es tarde.

Abraza en vida, besa en vida, ama en vida.

PORQUE RECUERDA SI TÚ NO TE AMAS CON LOCURA ¿QUIÉN LO HARÁ POR TI?

CAMBIAR DE ACTITUD

Es interesante ver la transformación que ocurre en una persona cuando cambia de actitud.

Es como volver a nacer. Es cambiar la forma de ver la vida y aceptar que debemos aprender a ser felices con o sin esa persona, a la que parece no importarle mucho estar a nuestro lado, porque da señales de que su amor se murió o ya no quiere amar.

REÍRSE MUCHO

Quien aprende a reírse de sí mismo podrá superar todo en la vida, porque pase lo que pase siempre tendrá motivos para reír y ser feliz, y la risa produce alegría, que es la mejor terapia para el corazón.

Sonríe mucho, ríe más, da gracias por todo y deja de pelear con la vida, porque no hay nada mejor que vivir en paz.

CLARO QUE SE PUEDE

Hay que aprender a ser feliz con la vida que uno tiene, con la relación con su Dios, las metas personales, los estudios, la familia, los hijos, la iglesia, la buena salud, el trabajo, las metas a futuro y la vida de pareja.

Si mi felicidad depende solo de la relación con alguien, mi sufrimiento estará asegurado si esa persona me abandona, me engaña o muere.

PORQUE RECUERDA
SI TÚ NO TE AMAS CON LOCURA ¿QUIÉN LO HARÁ POR TI?

LA CLAVE ESTÁ EN LA COMUNICACIÓN

La buena comunicación es la clave para vivir en pareja. Es la piedra fundamental que soporta la relación día a día. Lo real es que la mayoría tenemos ideas vagas de cómo tener una buena comunicación, pues en la época del noviazgo apenas hay charlas superficiales, mucho contacto físico, un constante ir y venir de peleas y reconciliaciones hasta casarnos o formar pareja, lo que nos deja normalmente sin una buena educación sobre la comunicación.

No agredir, no culpar, no acusar, aunque creamos tener motivos para hacerlo, nos ofrece un buen espacio para conversar. Prueba esta estrategia, pues suele funcionar muy bien para la vida en pareja.

MEJORA TU AUTOESTIMA

La autoestima es esencial para la vida. Es la forma en que nos vemos a nosotros mismos. Es entender cuál es nuestro "valor" personal, es la evaluación y la percepción que tenemos de nosotros mismos.

La importancia de este autoconcepto es vital, porque nos muestra qué tan bien nos sentimos con lo que somos. Por ello afecta nuestro sentido de realización personal y también la capacidad de relacionarnos con los demás.

Hoy mismo debes comenzar a apreciarte, amarte, aceptarte como eres y alentarte a tener metas para vivir, trabajar duro, levantarte temprano y dejar la pereza, para luchar por tus sueños. Dios, que te ha creado, te dio el poder de construir tu destino y ser feliz.

PORQUE RECUERDA
SI TÚ NO TE AMAS CON LOCURA ¿QUIÉN LO HARÁ POR TI?

CUENTA TUS FANTASÍAS

Muchos problemas se podrían evitar si lo que uno siente o lo que uno quiere pudiera ser hablado con la pareja, sin peleas, celos o inmadurez. Los deseos y las fantasías son parte de la vida y, tarde o temprano, cada uno busca realizarlos como puede. Pero no deberían cumplirse a espaldas de la pareja, porque eso, a la corta o a la larga, siempre destruye la relación.

Pero si no puedo hablar con mi pareja sobre mis fantasías porque se va a enojar, va a hacer un escándalo o no está dispuesta/o a comprender lo que me pasa, entonces no digo nada y las satisfago por mi parte, solita/o, con todos los problemas, mentiras, enfermedades y todas las cosas malas que eso puede traer a la vida de pareja.

NI BLANCO, NI NEGRO, NI GRIS

La relación de pareja crece cuando ambos ponen su esfuerzo para hacer feliz al otro. Si uno de los dos, o los dos, buscan su propio placer, su propio bienestar, o pasarla bien sin importarle lo que vive o sufre la otra persona, el amor y la vida en pareja no durarán mucho tiempo.

Siempre es posible aprender y cambiar mientras haya amor entre los dos. A veces uno de los dos nunca madura y todo se sostiene por el sacrificio del otro, hasta donde las fuerzas le permitan.

Nadie dijo que sería justo, pero cada uno decide cuál es la vida que quiere vivir.

¿VALDRÁ LA PENA?

Tantas angustias se podrían evitar con una simple reflexión: ¿valdrá la pena enojarme tanto, pelear, discutir o preocuparme demasiado por esto que está pasando?

¿Será que este asunto es realmente tan importante como para arruinarme la vida? ¿Podré aprender otra forma de ver este mismo problema y reaccionar mejor? Muchas veces la ansiedad, los gritos, las peleas, la zozobra, la angustia y la preocupación solo dependen de darle una nueva mirada a las cosas, aprender a ser más paciente y entender que con el paso de la vida todo pasa.

DILE CADA DÍA "TE AMO"

Es tan irónico pensar que se puede llegar a tener un enorme y sincero amor por la pareja y no saber que el sentimiento que no se expresa a diario es como si no existiera. Esto hace sentir y vivir en forma miserable a la persona que decimos amar, hasta que el sentimiento entre los dos se muere y la relación se acaba.

Muchos dirán que es cursi, que los adultos no necesitan escuchar un "te amo" cada día, porque es obvio que ya lo saben. Pero cuando se destruya el amor, entonces será tarde para lamentar o para querer, por fin, comunicar su amor.

Escuchar a la persona que amamos decir que nos ama es elevar el alma y tocar el cielo con las manos.

ALGO ANDA MAL

Si reconoces algunas de la señales a continuación es porque algo anda mal en tu relación.

A. En mi relación de pareja intento poner paz, pero la otra persona siempre busca el lado de la agresión, levantar la voz o ignorarme con el silencio.

B. Mi pareja no quiere reconocer que las cosas están mal y cree que son simples exageraciones mías.

C. Mi pareja no desperdicia ocasión para humillarme o burlarse de mí.

D. La/o siento fría/o, distante. Sin embargo, se nota alegre y feliz con el resto del mundo, en especial con personas del sexo opuesto.

E. Mi pareja no quiere buscar ayuda y quiere que las cosas sigan tal como están, a pesar de mis claros mensajes de que el amor y la relación de cariño se están terminando.

YO LO PERMITÍ

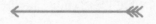

Cuando una experiencia de amor me hizo sufrir, debo asumir la verdad: mi ex solo me pudo lastimar porque YO LO PERMITÍ, porque yo no me amaba lo suficiente para evitarlo, y si no aprendo me seguirán lastimando y seguiré sufriendo. Madurar implica reconocer mis errores y modificar lo que hago mal para dejar de ser la víctima. Porque si yo no me amo con locura ¿quién lo hará por mí?

LIBÉRATE

Quien no se libera de la ansiedad de ser aceptado por todos, nunca podrá ser feliz, porque nadie puede dar gusto a todos.

Algunas personas te amarán: tu familia y tus amigos; otros te criticarán con maldad y, no importa cuán buena persona seas, algunos quizá te odien sin razón. Pero madurar implica comprender que así es la vida y que eso no te impide ser feliz.

REÍR ES GRATIS

Reír es gratis y le hace bien al corazón; rejuvenece la piel y es un buen analgésico para los dolores del alma; libera endorfinas; despeja la mente; reduce la presión arterial y aleja la depresión; te cambia el humor, porque te hace ver la vida con más optimismo. Cuando aprendas a reírte de ti tu alegría no tendrá fin.

TRES MINUTOS, UN RAPIDITO

Si cada persona que vive agitada y ansiosa aprende a usar la respiración como es debido, puede cambiar su estado mental y espiritual en unos minutos, con poco esfuerzo y sin costo.

Todos tenemos la capacidad, en tres minutos, de respirar pausadamente y tranquilizar la mente y el corazón.

Cerrar los ojos y respirar profundamente. Aspirar por la nariz hasta llenar nuestro cuerpo de oxígeno, y espirar por la boca, escuchando cómo el aire entra y sale. Nada más sencillo y más barato en estos tiempos en que todo tiene precio.

VALORES DISTINTOS

Cuando pensamos en amor, siempre lo asociamos con exclusividad. Pero si mi pareja y yo tenemos un concepto distinto o diferente de este valor y por alguna razón, disfruta de otro estilo de vida, mi sufrimiento está más que asegurado si no logro cambiar mi forma de ver la vida.

AMOR ES VOLUNTAD

¿Se puede aprender a amar? Claro que sí.

Es un acto de la voluntad, que me lleva a hacer que mi pareja sea la persona más importante en mi vida y encuentre la felicidad a mi lado, porque tengo un firme deseo de que juntos podamos construir una relación que supere los problemas de la vida y paso del tiempo.

PORQUE RECUERDA SI TÚ NO TE AMAS CON LOCURA ¿QUIÉN LO HARÁ POR TI?

EL PERDÓN LIBERA AL QUE PERDONA

Las personas que se niegan a perdonar viven con amargura en el alma por la falta de perdón, pues cada vez que recuerdan las cosas que pasaron se llenan nuevamente de odio y dolor. La amargura llena la vida del que no perdona y no la del otro.

La pena y la aflicción, el disgusto que amarga la vida y el tormento de ese sentimiento tan destructivo, todo eso pasa cuando decidimos que el perdón es lo mejor para vivir en paz. Perdonar es liberarte de una carga pesada y oscura que te aplasta las ganas de vivir, porque sin perdón no hay libertad para vivir feliz.

Cuando uno medita, reflexiona, busca el consejo de Dios, de amigos o consejeros espirituales, puede ver la vida con otros ojos, y perdonar será el mejor camino para vivir y ser libres por fin de tanta amargura y dolor.

SEPARACIÓN Y DESESPERACIÓN

Cuando hay una ruptura y alejamiento de la persona que uno ama, se siente un gran vacío emocional y es normal sufrir esta situación en forma dramática, porque los sentimientos entran en caos y parece que la vida se acaba.

Con el paso del tiempo ese desorden emocional, la confusión del alma, el desconcierto del corazón y la desorganización mental comienzan a encontrar el equilibrio perdido, hasta que las cosas se calman y volvemos a sonreír. Descubrimos que la vida sigue y, sobre todo, nos damos cuenta de que nadie se muere de amor.

PARA MEJORAR TU RELACIÓN

Para buscar el diálogo y el entendimiento, hay tres actitudes clave para tu relación de pareja:

1. NO JUZGUES al otro porque piensa distinto. Cada uno posee el derecho a tener su propia opinión sobre cualquier tema de la vida o a tener gustos diferentes.

2. NO ACUSES a tu pareja de que siempre hace lo mismo o que nunca quiere cambiar porque, aunque eso sea cierto, nadie cambia o deja de hacer algo si no quiere. Acusar al otro siempre trae la misma mala reacción.

3. NO SEAS AGRESIVA/O, porque la agresión solo genera mayor agresión y corta toda posibilidad de arreglo. Cualquier ser vivo, cuando se siente atacado, se defiende haciendo lo mismo. Quizá creas que tienes razón y que tu pareja merece ese trato, pero recuerda, la agresión o las malas maneras nunca ayudan a vivir mejor. El que siembra vientos cosecha tempestades.

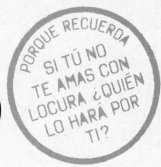

AMOR SIN FUTURO

El amor es un sentimiento que depende de la voluntad. ¿Cómo dejar de amar? Haz una lista de los motivos para dejar esa relación tóxica y reflexiona (piensa, analiza, concluye) cuál es la conducta de la otra persona.

Al poco tiempo, los sentimientos de amor comenzarán a desaparecer, porque la voluntad encuentra razones lógicas y válidas para dejar ese amor sin futuro. El propósito de la vida es ser feliz, intentar vivir en paz y si en el camino aparece alguien con quien compartir el amor de pareja, mucho mejor. El amor es una construcción de dos; si no hay dos, quizá no valga la pena.

Volver a empezar es volver
a vivir, porque no hay nada más
vacío que un amor sin amor;
pero nunca es tarde para volver
a comenzar, a soñar
y a vivir.

CÓMPLICES EN EL AMOR

El mejor camino para renovar el amor y la pasión es volverse amigos, novios, amantes, cómplices y compinches de la vida. Construir una relación nueva para que ambos puedan encontrar un mundo de aceptación y de paz, en el cual sea posible vivir feliz. Busquen el diálogo y la reflexión sin agresiones, ayudando así a tener un ambiente cordial y amable en el que el amor pueda tomar nueva vida.

Reflexionar es un proceso diario para mejorar la calidad de vida; requiere esfuerzo, dedicación e interés, porque si tú no cambias, nada cambia.

HAZLO ¡PERO HAZLO YA!

Amar a diario, cuando estamos en pareja, es un acto de voluntad que motiva a hacer lo que sea para hacer feliz a la persona que es objeto de nuestro amor.

Sin perder tiempo, ofrece un abrazo, una sonrisa, una mirada sensual y ardiente, una llamada de cariño, un mensajito, una flor o un detalle al amor de tu vida, como cuando eran novios.

Cosas tan sencillas, posibles, inmediatas, pueden cambiar la relación de pareja y renovar el amor, para que juntos encuentren sabor a la vida en pareja y sean felices.

Entonces, ¡llama ya, envía el mensaje ya, abraza ya, besa ya y si hay suerte, *pincha** ya!

(**Pinchar*: tener sexo salvaje y, si cabe, hacer el amor.)

VIVE Y DEJA VIVIR

No critiques ni juzgues a nadie sin motivo. Este mundo ya está lleno de dolor como para añadirle más juicios y culpas. Aprende a viajar liviano, vive y deja vivir. Si vas a hablar, que sea para bendecir, si no mejor calla y permite que la vida fluya. No hay nada mejor que vivir en paz.

MADURAR

Esta es una verdad muy simple: no importa mucho, y quizá no le importa a nadie, si tú no logras adaptarte a las cosas como son.

Si uno camina por la vida siendo negativa/o, quejándose de todo, disconforme con lo que le toca vivir, sin cambiar de actitud, la vida se le hará cada vez más difícil. Esto se aplica a la vida amorosa, laboral, social y a cualquier área de nuestra existencia.

Madurar implica tener una mejor actitud y, gracias a ello, vivir diferente.

Una mente madura, entrenada, reflexiva, es algo que todos podemos desarrollar, poniendo un poco de interés para vivir mejor y, de ser posible, encontrar la felicidad.

EN LAS BUENAS Y EN LAS MALAS

Cuando hay amor, uno debe proteger y cuidar a su pareja, porque esto le da sentido a la vida entre los dos. Cuando llegan los problemas de salud hay que cuidar de la otra/o de manera muy firme y especial.

El verdadero cariño, el aprecio y el cuidado no se notan mucho cuando las cosas están bien, sino cuando realmente hay problemas o dificultades, y la persona que necesita ayuda encuentra que su pareja está pendiente de ella/él. Bien claro se promete "en la salud y en la enfermedad".

El amor se fortalece cuando existe un mutuo cuidado, en las buenas y, especialmente, en las malas.

LICENCIA PARA SER FELIZ

Ser feliz depende de cada uno. Nuestra mente es capaz de crear formas distintas de percibir el mismo problema. Lo que antes nos complicaba la vida, ahora podemos observarlo tranquilos, entendiendo que esa es la realidad y que no dejaremos que nos robe la paz para vivir.

Al cambiar nuestra mirada y nuestra forma de entender la realidad, nos sorprenderá darnos cuenta de que eso que tanto nos complicaba la vida no tiene por qué complicarnos la existencia. ¡Entonces nos damos la licencia para ser felices!

RIEGA TU JARDÍN

Los enamorados que quieren permanecer juntos tienen que trabajar a diario para construir el amor. El amor se muere si no se riega cada día. Una mujer y un hombre enamorados deben seguir siendo amigos, novios, cómplices y amantes después de formar pareja. Si no hago nada por mantener la llama del amor, esta se apaga sin remedio.

El amor es el alimento para la mujer; los gestos de amor, los detalles, son únicos para ella. Un hombre que ama a su pareja lo sabe y la sigue enamorando toda la vida con gestos que le dicen a ella que es la única, la más importante y el amor de su vida.

AMAR CON INTELIGENCIA

El amor se nutre de la inteligencia de ambos.

Ambos deben vivir pendientes de ser y hacer lo que le gusta al amor de su vida. Así es el ejercicio de la voluntad para amar al otro.

Porque el egoísta solo quiere recibir sin preocuparse por dar nada a cambio, como si el mundo estuviera en deuda con ella/él.

La persona que ama de verdad siempre quiere hacer feliz al amor de su vida, sin esperar nada a cambio. El que ama es feliz viendo contentos a los que ama.

A LARGO PLAZO

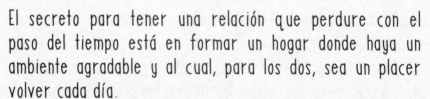

El secreto para tener una relación que perdure con el paso del tiempo está en formar un hogar donde haya un ambiente agradable y al cual, para los dos, sea un placer volver cada día.

Si ambos ponen buena actitud, se tratan con cariño y tienen cuidado de no agredir a la pareja, la relación puede volverse un oasis de paz, a pesar de sus tormentas y problemas, en la cual será un placer construir la relación de amor.

EN LA GUERRA Y EN EL AMOR

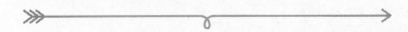

Alto o bajo. Flaco o gordo... En la vida de pareja no deben importar las medidas: no hay motivo para tener pena por las medidas, porque cuando hay amor, nadie vive preocupado por eso.

En la guerra y en el amor cada uno debe atrapar y hacer feliz al amor de su vida, con las armas que tiene y, sobre todo, con las habilidades para usarlas. Lo demás siempre estará de más.

¿Quiénes son tus amigos? Son los que se acuerdan de ti cuando no te necesitan, que ríen contigo por nada y te aceptan como eres. El resto son apenas conocidos de la vida, que solo te usan cuando les sirves para algo. Nada más que eso.

PORQUE RECUERDA SI TÚ NO TE AMAS CON LOCURA ¿QUIÉN LO HARÁ POR TI?

EL CARIÑO RENUEVA LA RELACIÓN

El amor crea un ambiente de paz y genera una cantidad de sensaciones de placer que hacen que los problemas sean fáciles de superar; el deseo sexual aumenta y la relación de pareja se fortalece.

El cariño es gratuito y solo depende de la voluntad personal. Vale la pena estar juntos cuando se vive con cariño.

En esta vida hay que animarse a vivir. No dejes que los años pasen sin intentar ser feliz, porque hay muchas personas que respiran pero no viven por miedo al qué dirá la gente, por hacer siempre lo mismo, por la rutina, sin ninguna emoción. Canta más, ríe mucho, busca a Dios, agradece por todo y no aceptes pasar por esta vida sin intentar ser feliz.

NADIE PUEDE CREAR TU FELICIDAD

Ni tu pareja, ni tus hijos. Ni el dinero, ni tu gran empleo. Solo tú. Solo tú decides que serás feliz. Si le entregas a otro ser humano esa responsabilidad, seguro vas a sufrir.

Porque nadie puede hacerte feliz si tú no eres feliz. Deja de preocuparte tanto y descubre que pase lo que pase tú eres capaz de salir adelante. La angustia solo te agrega sufrimiento, arrugas y te quita la alegría de vivir. Lo que ha de ser será, y tú serás capaz de superar todo y ser feliz.

EL AMOR ES TAMBIÉN DISCIPLINA

No críes a tus hijos dándoles todo lo que piden, aunque tengas todo el dinero del mundo. Es mucho mejor que aprendan a ser responsables desde pequeños en la casa; que hagan la cama y limpien su cuarto, aunque tengan una persona que ayude en la casa.

Pon disciplina cuando son mal hablados, groseros o faltan el respeto a los mayores. Los límites son la mayor señal de amor que les puedes dar a tus hijos.

Porque ser mamá y papá en el siglo 21 ¡es solo para valientes!

DAR LIBERTAD PARA VIVIR MEJOR

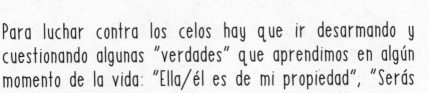

Para luchar contra los celos hay que ir desarmando y cuestionando algunas "verdades" que aprendimos en algún momento de la vida: "Ella/él es de mi propiedad", "Serás mía/o, o de nadie".

La verdad es que nadie puede ser dueño de otra persona. Cada uno, voluntariamente, decide estar con o alejarse del otro. Es muy difícil que alguien esté feliz con otro ser humano si es por obligación.

Si su corazón ya no quiere estar cerca del mío ¿qué sentido tiene?

Un paso importante para vivir mejor es reflexionar sobre qué es mejor: celar, perseguirla/o y hacerle la vida imposible para obligarla/o a estar conmigo o dejarla/o en libertad, para que ambos puedan encontrar la felicidad.

HOY CAMBIA TU ESTRELLA

En vez de quejarte por todo, agradece cada cosa que Dios permite en tu vida y decreta cosas buenas. Visualiza lo que quieres y cree aun sin ver, usa ese poder que el Creador te dio.

Serás capaz de crear todo lo que te animes a creer, porque al que cree todo le es posible, y si las cosas van mal, agradece más aún y Dios abrirá nuevos caminos donde creías que ya no había salida.

EL CAMINO AMABLE

Cuando se trata de encontrar solución a un problema de dos, es mucho más probable tener mejores resultados por medio de una charla amigable, que por el camino de la agresión.

Porque el grito, la pelea, la queja y la violencia solo generan mayor agresión. Aunque es el camino que todos aprendimos para sobrevivir en la sociedad en que vivimos, prueba por el camino de la amabilidad, la tranquilidad y, si puedes, agrega una sonrisa a tu mirada. Al fin y al cabo, si ya probaste tanto tiempo con la agresión y aún no consigues nada bueno, ¿qué más podrías perder?

DEJA DE SUFRIR

Cuando hay amor, se nota a simple vista. Cuando ya se murió, se nota mucho más. Solo que a veces nos negamos a ver lo evidente. Un día nos damos cuenta de que se nos fue la vida, resignados al vacío de un amor sin amor. Nunca es tarde para reconocer que elegiste mal, sanar tu corazón partido, recuperar tus sueños y volver a empezar. Con un poco de tiempo, paciencia y reflexión nadie se muere de amor. No te rindas, esto también pasará.

PORQUE RECUERDA

SI TÚ NO TE AMAS CON LOCURA ¿QUIÉN LO HARÁ POR TI?

ACTITUD POSITIVA

Cambiar de actitud ante la vida ayuda a mejorar la relación de pareja. Sirve para todas las cosas que a veces nos complican la existencia. Ser positivo es una de las claves para vivir feliz.

No existe peor cosa que tener una mala actitud, porque a lo grave que sea mi problema se agrega mi propio negativismo. Entonces la mente no puede ver ninguna salida a la situación.

Todo esto se puede aprender poco a poco, con un proceso diario de reflexión personal, en el que nuestra mente y voluntad aprenden que todo en la vida pasa. Lo importante son los afectos, la gente que uno ama y que nada puede derrotar a una persona que aprende a vivir en paz.

NADA ES PARA SIEMPRE

Este momento amargo pronto será parte del pasado y la alegría volverá a visitar tu casa. Sigue trabajando en tu autoestima, enamórate de ti y construye una personalidad fuerte, invencible e indomable que nadie pueda doblegar.

Mejor viaja ligero, no cargues tanto tu mochila y deja que la vida fluya. Lo que ha de ser será y tú, como siempre, sobrevivirás a todo.

LA REFLEXIÓN PERSONAL

Es el único camino que te ayuda a vivir feliz. Es bueno buscar el consejo o seguir la receta de otros, pero no hay nada mejor que tu propio criterio, que se forma y se adapta a la vida tal como es.

Porque es en tu mente, y solo allí, donde se crea tu paraíso o se desata tu infierno. Una mente débil, poco reflexiva, es un permanente blanco de ideas negativas, que te hacen vivir mal.

Todos tenemos el poder de analizar las cosas, aprender a tener otro punto de vista y no ser tan dependientes de lo que piensen los demás.

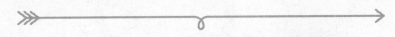

La reflexión sirve para todo en la vida, te da el control de tus emociones y te ayuda a vivir mejor.

SI TÚ NO TE AMAS
¿QUIÉN LO HARÁ POR TI?

Vivir pendiente de la opinión de los demás es la forma más cruel de vivir. Por eso la autoestima es clave para ser feliz.

El secreto es amarte mucho, no importa tu belleza, tu tamaño, tus pocas destrezas o errores del pasado. Esa persona eres tú: única, especial, perfecta. Cuando tú te encuentras contigo, cuando te amas con locura, ya nunca importará lo que digan los demás. Te darás permiso de ser feliz. Deja que hablen, total... ¿a quién le importa?

EL PODER PARA LIBERARTE LO TIENES TÚ

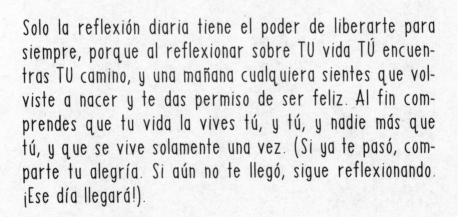

Solo la reflexión diaria tiene el poder de liberarte para siempre, porque al reflexionar sobre TU vida TÚ encuentras TU camino, y una mañana cualquiera sientes que volviste a nacer y te das permiso de ser feliz. Al fin comprendes que tu vida la vives tú, y tú, y nadie más que tú, y que se vive solamente una vez. (Si ya te pasó, comparte tu alegría. Si aún no te llegó, sigue reflexionando. ¡Ese día llegará!).

CONCLUSIONES

El libro llegó a su fin, pero quizá para ti apenas comienza la aventura de reflexionar. Espero que la información te haya despejado algunas dudas y creado nuevas interrogantes. Quizá lloraste, quizá reíste o sentiste que era la historia de tu vida. Y de eso se trata, de que tú puedas identificarte, reconocer lo que está bien en tu vida y dar gracias a Dios.

Si hay algo que aún no puedes encaminar, ya tienes la herramienta más poderosa del ser humano: la capacidad de reflexionar y cambiar tu historia. Ahora sabes que no eres una víctima para siempre, porque desde ahora puedes comenzar tu proceso reflexivo y forjar nuevos caminos donde parecía que no había ninguno. Porque tú no deberías andar por esta vida sin ser feliz. Si solo ese mensaje te llegó por medio de este libro, ya me siento satisfecho.

Y, sobre todo, no olvides que si Dios está contigo ¿quién contra ti?

BIOGRAFÍA

Ramón Torres nació en Asunción, Paraguay, el 23 de enero de 1964. Graduado en psicología general, tiene una maestría y un doctorado en psicología clínica. Motivador y conferencista, es el psicólogo con más seguidores en Facebook en el mundo, con más de 8 millones.

Actualmente vive parte del año en Paraguay y visita regularmente diferentes ciudades de Estados Unidos, América Latina y Europa, impartiendo conferencias y llevando sus mensajes motivacionales sobre el amor, las relaciones de pareja y la autoestima.

Está casado con Susan González, es padre de dos hijos y tiene un nieto. Su frase favorita es: "Nadie debería aceptar pasar por esta vida sin ser feliz".

www.ramontorrespsicologo.com
🅕 /PsicologoRamonTorres
🅞 @ramontorrespsicologo